DIEU ET FRANCE

Jeanne d'Arc

Drame pastoral en 3 actes

PAR

L'ABBÉ H. THUILLIER
Ancien aumônier du Collège d'Ecouis,
Curé de la Neuve-Lyre.

Musique de MM. BRUNEAU et BILLAUD
professeurs à Saint-François-de-Sales, à Évreux

ÉVREUX

IMPRIMERIE DE L'EURE, L. ODIEUVRE

1909

DIEU ET FRANCE

Jeanne d'Arc

Drame pastoral en 3 actes

PAR

L'ABBÉ H. THUILLIER

Ancien aumônier du Collège d'Ecouis,
Curé de la Neuve-Lyre.

Musique de MM. BRUNEAU et BILLAUD

professeurs à Saint-François-de-Sales, à Évreux

ÉVREUX

IMPRIMERIE DE L'EURE, L. ODIEUVRE

1909

Cette pièce a été jouée au Pensionnat d'Écouis en 1895 et à la séance d'ouverture de la Maison Jeanne d'Arc, de la Neuve-Lyre, en 1904.

Les chœurs et les chants étaient ceux de la *Jeanne-d'Arc*, de Gounod. Mais les éléments font souvent défaut pour interpréter convenablement la partition de Gounod. Elle est en outre d'un prix élevé et soumise au droit d'auteur.

Pour obvier à ces inconvénients, MM. Bruneau et Billaud, de Saint-François-de-Sales à Evreux, ont composé une partition spéciale, dont les amateurs de belle musique apprécieront le mérite et qui est en même temps à la portée des scènes les plus modestes.

Qu'ils en soient cordialement félicités et remerciés.

Abbé H. Thuillier.

Lettre de Monseigneur l'Évêque d'Évreux

†

ÉVÊCHÉ

D'ÉVREUX

Évreux, le 2 avril 1909.

Monsieur le Curé,

Je viens de lire « **Jeanne d'Arc** » *le drame pastoral que vous consacrez à notre Bienheureuse et j'y ai bien vite reconnu votre âme de prêtre, de Français, de poëte.*

Si vive est la foi qui anime ce drame, si lumineuse est la poésie qui l'éclaire, si chaud le patriotisme qui y est vibrant, que je crois à son succès sur toutes les scènes de nos œuvres où il sera représenté.

Recevez donc, avec mes félicitations, l'assurance de tout mon dévouement en N.-S.

† Philippe, évêque d'Évreux.

PERSONNAGES

Jeanne d'Arc.
Zabillet Romée, mère de Jeanne.
Isabelle Laxart, tante de Jeanne.
Jeanne de Mortemart, comtesse de Trèves.
Mengette, }
Berthe, } amies de Jeanne.
Hauviette, }
L'hôtelière de l'*Asne Rayé.*
Marthe, }
Louise, } filles de l'hôtelière.
Lison, cuisinière.
Une femme.
Femmes et enfants fugitifs.

La scène se passe : *aux Ier et IIIe acte à Domrémy ; au IIe à Reims (1429-1431).*

JEANNE D'ARC

ACTE I

La Vocation

La scène représente la cour et la maison de Jacques d'Arc. Quelques moutons paissent à l'écart.

SCÈNE I

Jeanne, *seule*

O France de Jésus! O France de ma mère!
Mon cœur ' est tout rempli d'une douleur amère,
Quand je te vois ' foulée aux pieds ' par l'étranger.
Que ne puis-je mourir, (*) ô France, — et te venger!...
Que dis-je? — C'est en vain que Messire m'appelle
Depuis longtemps, — au Bois, dans l'île, à la Chapelle:
Je veux partir; l'instant d'après, je ne veux plus.
Tout me retient ici : tout m'aime. — *L'Angelus!*

(*) Les virgules, et à plus forte raison le milieu ou la fin des vers, *n'indiquent pas nécessairement* un arrêt de la voix. Nous avons marqué les autres pauses par des apostrophes spéciales.

Pendant que l'*Angelus* tinte, Jeanne prie tout bas, agenouillée.

O mon Dieu! Daignez prendre en pitié ' ma souf-
[france!

SCÈNE II

La même. LES SAINTES

1. **Les voix** (*).

LES SAINTES (chanté)

Jeanne! Jeanne!

JEANNE, *dans le ravissement*

Mes voix! (parlé)

LES SAINTES

Jeanne, que tardes-tu?

JEANNE

O mes Saintes! (Parlé et ainsi dans toute la scène)

LES SAINTES

Veux-tu que périsse la France?

JEANNE

Non! non!

LES SAINTES

Va relever son prestige abattu.

(*) Ces sous-titres indiquent les numéros de notre partition et peuvent être remplacés par les chœurs correspondants de la « Jeanne d'Arc » de Gounod. (Choudens, éditeur, 30, boulevard des Capucines, Paris).

JEANNE

Je ne suis qu'une enfant.

LES SAINTES

Rapprends-lui l'espérance.....

JEANNE

Que puis-je?

LES SAINTES

Sois sa délivrance :
Dieu te revêt de sa vertu.

JEANNE

Mes Saintes, vous savez que dans cette chaumière
Bien des êtres ' me sont plus chers ' que la lumière,
Que mon père défend.....

LES SAINTES

Obéis à ton Dieu.

JEANNE

Dieu m'est témoin ' que dès l'aube première
Chaque jour, je lui fais le vœu
D'être à Lui seul, en tout temps et tout lieu !

LES SAINTES

Jeanne, fille de Dieu, prends l'armure et le heaume!
Jeanne, fille de Dieu, lève ton étendard!
Jeanne, fille de Dieu, chasse le Léopard!
Jeanne, fille de Dieu, délivre le royaume!

Comme une bergère sauva
Jadis la cité de Lutèce,
Sauve Orléans dans la détresse
Va, Jeanne, fille de Dieu, va!

Les Saintes disparaissent.

JEANNE, *se levant, énergique*

J'irai! Dieu soit ma force et je serai hardie!

SCÈNE III

JEANNE. MENGETTE. BERTHE. HAUVIETTE

HAUVIETTE

Jeannette! viens donc voir quel terrible incendie
Du côté de Burey.

JEANNE

De Burey?

BERTHE

Tes parents
N'en sont pas revenus encore?

JEANNE

Tu comprends,
Berthe, — que si le feu désole le village.....
Le feu? Les Bourguignons peut-être! Le pillage!

MENGETTE

Nous allons le savoir : Voici des gens venir.

JEANNE

Ils fuient, Mengette, ils fuient. Les entends-tu gémir?

BERTHE

Chaque jour ' nous apporte une épreuve nouvelle.

MENGETTE

Je ne m'abuse pas : c'est madame Isabelle.

JEANNE, *allant au devant de sa tante*

Ma tante !

SCÈNE IV

LES MÊMES. ISABELLE LAXART. FEMMES ET ENFANTS.

ISABELLE

Ma Jeannette.

HAUVIETTE

Ah ! les infortunés !

JEANNE

Avez-vous vu mon père et mes frères aînés ?

ISABELLE

Ma fille, ils sont allés porter secours aux nôtres ;
Mais, ne crains rien. Ils sont nombreux et forts. Nous [autres,
Faibles brebis, qui fuient à l'approche des loups,
Femmes, enfants, vieillards, nous accourons chez [vous.

JEANNE, *aux fugitifs*

Soyez les bienvenus dans notre humble demeure,
Braves gens. — De par Dieu ! Bientôt sonnera l'heure,
Où les brebis verront s'enfuir les loups géants !

UNE FEMME

Puisses-tu dire vrai !

JEANNE

Parle-t-on d'Orléans ?

UNE FEMME

Ils disent ' qu'Orléans est devenu leur proie.

JEANNE

Ils le disent.

ISABELLE

Et même, hélas! en feu de joie,
Ils prétendent ' brûler tous les bois d'alentour.

JEANNE

Qu'ils triomphent ! Le Ciel ' demain ' aura son tour.

MENGETTE

O Jeanne, d'où te vient une telle assurance ?

JEANNE

Non, non. Dieu ' ne veut pas ' laisser mourir la France!
— Nos hôtes, vous pourrez vous reposer ' ici :
La cour vous appartient et la chaumière aussi.

UNE FEMME

Pour ceux ' que l'étranger chasse ' de leur patrie,
Ta parole est un baume, enfant de Dieu chérie.

(Les fugitifs se retirent sur le côté de la scène. Jeanne écoute leur chant et réfléchit).

2. Les fugitifs.

Des bourreaux de notre patrie
Fuyant la cruauté, le joug et les affronts,
Le corps brisé, l'âme meurtrie,
Nos frères, — nous vous implorons.

Ils n'ont rien épargné dans leur sanglant pillage :
Ils ont renversé nos berceaux.
Ils les ont jetés aux ruisseaux
Il ne reste en notre village
Que des ruines à monceaux.

Souvenez-vous, avant ces temps contraires,
Que nous vous recevions chez nous
Comme on reçoit des frères.
Daignez nous recevoir chez vous,
Comme on reçoit des frères.

Mais, pourrez-vous nous secourir?
Ah! du moins, près de vous, nos frères,
Près de vous, laissez-nous mourir.

Ils s'éloignent.

SCÈNE V

JEANNE, ZABILLET.

ZABILLET, *entrant.*

Jeannette, mon enfant, où pourrons-nous loger
Ces gens ' dont ton bon cœur ' a voulu se charger?

JEANNE

Vous donnerez d'abord mon lit ' à la plus vieille.

ZABILLET

Et toi Jeannette?

JEANNE

Moi? Je suis faite à la veille.

ZABILLET

Oui, tu veilles toujours.

JEANNE

Mais, vous, ma mère, aussi.

ZABILLET

J'en conviens. Ces malheurs causent ' tant de souci!

JEANNE

Ayons foi dans Jésus et dans la Vierge sainte!

ZABILLET

En vain je les implore, une invincible crainte...

JEANNE

Quelle crainte, mon Dieu?

ZABILLET

Tu ne la connais pas?

JEANNE

Que je me mêle, un jour, à l'horreur des combats?
...Ma mère! c'en est fait : je pars.

ZABILLET

Tu pars, ma fille!

JEANNE

Dieu m'a dit : Laisse là tes fuseaux, ton aiguille.
Va trouver le Dauphin. Va, fille de Dieu, va!
Je partirai sur l'heure.

ZABILLET

Ah! que me dis-tu là?

JEANNE

J'ai tardé trop longtemps. Il faut ' de par Dieu même,
Que je sois à Chinon, avant la Mi-Carême,

Et ' dussè-je m'user les pieds ' jusqu'aux genoux,
J'y serai.

ZABILLET

Chère enfant!

JEANNE

Pourquoi tremblerions-nous?
Le chemin du Devoir est celui que Dieu trace.

ZABILLET

Oui, Jeannette, la mort ' plutôt que sa disgrâce!

JEANNE

Et si je refusais aujourd'hui ' d'y marcher,
Vous seriez la première à me le reprocher.

ZABILLET

Tu dis vrai. Dans le deuil ta parole me plonge
Et cependant, tes voix ne sont pas un vain songe.
Depuis plus de trois ans, je t'observe de près :
J'en suis certaine, — Dieu te livre ses secrets.
N'avait-il pas promis qu'aux Marches de Lorraine
Il naîtrait ' une enfant de force souveraine
Et que l'Anglais, vainqueur ' grâce à la trahison
D'une femme, — serait réduit à la raison
Par une vierge? — Avec une humble déférence,
Je vous offre, ô mon Dieu, ma fille ' pour la France!
— Pourtant, je voudrais bien, Jeannette, encore un
[jour...

JEANNE

Je verrai dès demain le sieur de Baudricourt,
Ma mère. — Je ne puis attendre ' davantage.

ZABILLET

Tu ne peux d'un seul jour remettre ce voyage.

JEANNE

Je vous l'ai dit : La voix du ciel ' me le défend.

ZABILLET

C'est bien. Tu n'as donc plus qu'à partir, mon enfant.

JEANNE

Mon père est de retour?

ZABILLET

Ne dis rien à ton père,
Je t'en conjure! — Il est si prompt ' à la colère!
L'an dernier, il t'a vue en rêve. Sur tes pas
Se pressaient, l'œil en feu, des milliers de soldats,
Et tu les excitais, en brandissant un glaive.

JEANNE

Vous ne m'aviez jamais parlé ' de ce beau rêve.

ZABILLET

Il me le raconta. Puis, (j'en frémis encor,)
Il me dit : Nos enfants sont notre seul trésor :
Si je croyais que Jeanne, oubliant sa jeunesse,
Oubliant sa vertu, mes droits et ma vieillesse,
Dût plus tard ' chevaucher au milieu des guerriers,
Certes, je la ferais noyer!

JEANNE

Vous voudriez
Que je m'en aille, ainsi qu'une pauvre insensée?

ZABILLET

Voilà ce qu'il m'a dit.

JEANNE

Ce n'est point sa pensée.

ZABILLET

La colère est aveugle, ô ma fille. — Crois moi :
Lorsque tu seras loin, je parlerai pour toi.
L'éclat de tes exploits aidera ma parole.

JEANNE

Surtout, rappelez-lui ' que sa fille ' s'immole
Au devoir, — que longtemps ' elle a supplié Dieu
De la laisser tourner son rouet ' près du feu,
En chantant à son père un refrain de bataille,
Et qu'au moment ' de le quitter, ' son cœur défaille.

ZABILLET, *ferme*

Sois forte, mon enfant !

JEANNE, *l'embrassant*

O ma mère, au revoir !
Sitôt que votre Jeanne aura fait son devoir,
Chassé l'Anglais ' du sol sacré de la Patrie,
Elle vous reviendra.

ZABILLET

Je le sais, ma chérie.

JEANNE, *tombant à genoux*

O ma mère, une fois encor, bénissez-la.

ZABILLET, *gravement, les mains étendues sur la tête de Jeanne*

Jeanne, — je te bénis. — Va, fille de Dieu, — va!

Jeanne se relève et sort. — Zabillet debout, le visage dans les mains.

(Rideau.)

ACTE II

LE TRIOMPHE

A Reims, à l'hôtel de l'*Asne Rayé*. Chambre haute. Meubles anciens. Sur un dressoir, une statuette ou une image de Notre-Dame.

SCÈNE II

L'HOTELIÈRE. MARTHE. LOUISE

L'HOTELIÈRE

Oui, prions, mes enfants, et de toute notre âme.
En ce moment, a lieu le Sacre ' à Notre-Dame.
Quel heureux jour ' pour la bonne ville de Reims!
Mais, nous devrons encor batailler, je le crains,
Pour bouter ' le dernier Anglais ' hors du royaume.
Prions ' pour que Dieu daigne, avec l'huile et le [baume;

Verser sur notre Roi sa force et sa bonté.
Prions ' pour le Secours qu'il nous a suscité.
Puissent tous les Français, répudiant leurs haines,
Marcher, comme un seul homme, aux batailles
[prochaines!
Notre Dame, du haut du ciel, bénissez-les!

3. La prière (*).

1. *Notre benoîte Dame,*
Veille sur tes enfants.
C'est par toi qu'ils sont triomphants.
Leur amour le proclame.

2. *Cette bonne Lorraine*
A l'étendard vainqueur,
Ne vient-elle pas de ton cœur,
O Vierge souveraine?

3. *N'est-ce pas sous ton aile*
Qu'elle a grandi là-bas.
Mêlant de refrains de combats
Ses chants de pastourelle?

4. *N'est-ce pas ta main douce*
Qui déjà la menait,
Quand, petite, elle cheminait
Par les sentiers de mousse?

5. *N'est-ce pas ta lumière*
Qui lui montrait déjà
Les deux noms JÉSUS-MARIA
Aux plis d'une bannière?

(*) Gounod : *Dieu de miséricorde.*

6. *Contre la guerre immonde*
Garde-nous son secours.
Sauve la France pour toujours,
Toi qui sauvas le monde.

L'HOTELIÈRE

Et maintenant, allez à vos travaux. Allez,
Mes filles. (Les deux sœurs se retirent).

SCÈNE II

L'HOTELIÈRE, LISON

L'HOTELIÈRE

Vous ici!

LISON

Madame l'hôtelière,
J'attendais ' pour ne pas troubler ' votre prière.

L'HOTELIÈRE

Vous attendiez, Lison! Et vos rôtis, vos œufs,
Votre potage au lait, vont-ils vous attendre, eux?

LISON, *calme*

Ils m'attendront.

L'HOTELIÈRE, *piquée*

Mais, c'est la honte! la ruine!
Un jour comme aujourd'hui!

LISON

Je connais ma cuisine,
Madame. Vous pouvez vous en fier à moi.

L'HOTELIÈRE, *vivement*

Donc, que me voulez-vous ?

LISON

Dominez votre émoi
De grâce !

L'HOTELIÈRE

Au fait ! au fait !

LISON

Ce matin, sont venues
Trois femmes, qui me sont tout à fait inconnues.
Elles demandaient Jeanne.

L'HOTELIÈRE

Et vous leur avez dit ?

LISON

Que Jeanne ' ne serait céans ' qu'après midi,
Qu'elle est bien descendue en cette hôtellerie
Mais, qu'elle est depuis l'aube aux églises, — et prie
Et que, pour le surplus, le Sacre du Dauphin
La retiendrait longtemps, très longtemps.

L'HOTELIÈRE

A la fin,
Ne leur avez-vous pas proposé ' de l'attendre
Dans la grand' salle ?

LISON

Oui bien ! Je le leur fis entendre.
Mais, la jeune ' voulait voir ' le Roi très chrétien ;
Les autres l'ont suivie...

L'HOTELIÈRE

Ah! Jeanne qui revient!

Lison sort précipitamment. L'hôtelière la suit d'un pas plus grave.

SCÈNE III (*)

JEANNE D'ARC. JEANNE DE MORTEMART, COMTESSE DE TRÈVES

Jeanne d'Arc pose simplement son casque et son étendard. Jeanne de Mortemart, en grand costume. Elle repousse d'un geste la chaise que Jeanne d'Arc lui offre.

LA COMTESSE

Si Dieu ’ voulait sauver notre gentil monarque,
Il pouvait bien choisir une fille de marque.

JEANNE

Il le pouvait, Madame, et je ne sais vraiment
Pourquoi Messire ’ a pris un si faible instrument.
Mais, il a commandé, j'obéis.

LA COMTESSE

Je t'admire.

JEANNE

N'obéiriez-vous pas aux ordres de Messire
Vous aussi?

(*) Cette scène pourrait être omise. Dans ce cas, Jeanne ne paraîtrait qu'à la scène V.

LA COMTESSE

Réponds-moi. Quelqu'un t'a rapporté
Ce que décide ' au ciel l'auguste Trinité?

JEANNE

Madame, ce serait une bien longue histoire.

LA COMTESSE

Dis toujours. Nous verrons après ' s'il faut te croire.

JEANNE

J'avais alors ' douze ans au plus. Le Roi des Rois
M'avait donné son corps pour la première fois.
Un jour ' que je jouais à travers la prairie
Avec mon frère Jean, ma sœur et ma chérie
Hauviette, — une voix me dit : Jeanne! viens!
Je pensai ' que c'était mon père ' ou l'un des miens.
Mais, dès que j'eus atteint le seuil de la chaumière,
J'aperçus tout à coup une vive lumière
Et l'archange Michel apparut au milieu :
« Reste pure, dit-il, Jeanne, fille de Dieu,
« Et ne te lasse pas de prier pour la France.
« Dieu garde ' au grand malheur ' la grande déli-
[vrance. »

LA COMTESSE

Et c'est pour tout cela que tu vins à Chinon?
De vrais rêves d'enfant!

JEANNE

Pardon, Madame! Non,
Ce n'est pas pour cela seulement. Ma pensée
Fut bien ' depuis ce jour ' plus souvent oppressée

Des malheurs de la France et du Roi très chrétien.
Mais, je ne croyais pas être ' leur seul soutien.
Or, l'Archange revint plusieurs fois ' dans la suite.
De sainte Catherine et sainte Marguerite
Il m'ordonna ' de suivre en tous points ' les discours.

LA COMTESSE

Est-ce que tu les vois, ces saintes?

JEANNE

Tous les jours,
Madame.

LA COMTESSE

Tous les jours?

JEANNE

Oui, tous les jours. C'est elles
Qui m'ont dit ' de laisser mes campagnes si belles,
Et mes chardonnerets joyeux, dans les buissons,
Et ma tour, dont la cloche avait de si doux sons,
Et mon vieux toit de chaume, et toute ma famille,
Pour aller, — moi, timide et frêle jeune fille, —
Animer les soldats du Roi ' dans les combats.
Oh! sans elles ' jamais je n'aurais fait un pas
Dans ce chemin ' sanglant et boueux ' de la guerre.
Sans elles ' je n'aurais jamais ' quitté ma mère :
Mais, lorsque Dieu commande, il a pouvoir sur nous.
Nous n'avons ' qu'à ployer humblement les genoux
Et partir.

LA COMTESSE

Tu comptais sur le secours céleste...

JEANNE

J'obéissais, Madame, et Dieu faisait le reste.

LA COMTESSE

Mais, tu dus rencontrer des obstacles nombreux?

JEANNE

Oui, très nombreux.

LA COMTESSE

Celui qui devant les Hébreux
Autrefois ' renversait les plus fortes murailles,
Comment t'a-t-il livrée au hasard des batailles?

JEANNE

Je ne sais le comment de rien. Ce que je sais,
C'est que Dieu m'ordonnait et que j'obéissais.
Tant de combats gagnés, tant de bastilles prises,
Orléans délivré, deux provinces conquises
En quelques jours, — voilà beaucoup plus qu'il n'en [faut
Pour vous faire admirer les desseins du Très-Haut.
N'avez-vous pas ' appris ces merveilles, Madame?

LA COMTESSE, *avec une nuance de dédain*

Oui. Mais, je ne pouvais comprendre ' qu'une femme,
Une enfant, — combattît le puissant Léopard,
Et le fît fuir honteux devant un étendard.
Du moins, si cette femme eût été quelque reine...
Alors, je suis venue exprès ' de mon domaine
Pour me bien assurer par moi-même... Tes voix
T'auront parlé de moi peut-être?

JEANNE

Une ou deux fois,
Madame. — Elles m'ont dit : (ce n'étaient point des [rêves)
Tu verras aujourd'hui la comtesse de Trèves,
Jeanne de Mortemart. — Parle lui sans façon ;
Elle croit dans son cœur à ta vocation
Et si, pour t'éprouver, elle feint de sourire,
Voici ' ce que le Ciel te permet ' de lui dire :
Obéissez en tout à Jésus comme moi.

LA COMTESSE, *touchée*

Ah ! tu lis dans mon cœur, Jeanne. C'est vrai. Je croi.
Quels sont ces chants ?

LE CHŒUR, *dans le lointain.*

Noël !

LA COMTESSE

C'est Jeanne qu'on acclame !

JEANNE

C'est le peuple, qui sort à flots ' de Notre-Dame.

LA COMTESSE

C'est bien.

(Elle se retire, saluant Jeanne).

SCÈNE IV

JEANNE, *seule*

Assise près de la fenêtre, elle écoute.

4. **Chant du peuple** (*).

1. *Redisons tous en ce jour solennel,*
Où le roi Charle a reçu la couronne,
Où le roi Charle est monté sur son trône.
Redisons tous : Noël! Noël!

Noël! Noël! liesse et joie!
Noël au Seigneur éternel!
Noël à celle qu'Il envoie
Avec l'archange saint Michel!
Noël! Noël! Noël! Noël!

2. *Elle était là, debout, près de l'autel,*
L'épée en main d'une gente manière
Et d'autre main arborant sa bannière.
Redisons tous : Noël! Noël!

Noël! Noël!

3. *Béni celui qui par ordre du Ciel*
Est consacré fils aîné de l'Eglise
Et que déjà la gloire immortalise.
Redisons tous : Noël! Noël!

Noël! Noël!

4. *Qu'il soit puissant et qu'il soit paternel!*
Qu'il soit puissant autant que Charlemagne

(*) Gounod : *Que la terre et que le ciel.*

Que son aïeul saint Louis l'accompagne.
Redisons tous : Noël! Noël!

Noël! Noël!

SCÈNE V

JEANNE. ZABILLET. ISABELLE

JEANNE, *se levant*

Ma mère!

ZABILLET, *l'embrassant*

Ma Jeannette.

ISABELLE

Ah! Jeannette!

JEANNE

Ma tante!
Comment! C'est vous?

ZABILLET

C'est nous. Trop longue était l'attente.
Mengette va venir aussi.

JEANNE

Jésus-Seigneur,
Vous comblez tous mes vœux en ce jour! — Quel bonheur
De nous revoir ainsi! Mais, Jacqueline et Pierre,
Où sont-ils? Et mon père?

ZABILLET

Ils gardent la chaumière.
Ta sœur est toujours faible et le voyage est long.

ISABELLE

Nous-mêmes, nous pensions te rejoindre ' à Châlon.
Tu venais d'en partir.

JEANNE

Mais vous, mère, à votre âge,
Comment ' avez-vous pu faire ' un si long voyage?

ZABILLET

Le désir de te voir me rendait mes vingt ans.
Isabelle était là d'ailleurs ' et ses enfants
Nous ont servi d'escorte un bon tiers de la route.

JEANNE

Et les anges de Dieu vous ont gardés sans doute.

ZABILLET

Ils t'ont gardée aussi, toi, quand ' de Vaucouleurs,
A travers un pays infesté de voleurs,
Tu parvins ' jusqu'au roi de France, sans encombre.

JEANNE

Je crois ' que les voleurs avaient peur ' de notre ombre.
Mais, comment savez vous?...

ISABELLE

Depuis quelque trois mois,
On raconte partout ta vie et tes exploits.

ZABILLET

Ton père est fier de toi.

ISABELLE

Tu sais combien il t'aime!

JEANNE, *émue*

Lui, dit-on, qui voulait me frapper d'anathème!

ZABILLET

Il eut assez de foi pour entendre raison.
Mais, tu le reverras bientôt ' à la maison.

JEANNE, *avec reconnaissance*

O ma mère.....

SCÈNE VI

LES MÊMES. MENGETTE

MENGETTE

Jeannette.

JEANNE, *l'embrassant*

Ah! Mengette la forte!

MENGETTE

Regarde ' le bouquet charmant ' que je t'apporte.
Je l'ai cueilli ' sur le sentier de Vaucouleurs.

JEANNE

Qu'il est beau! Qu'il sent bon! J'aime toutes les fleurs;
Mais, celles du pays me semblent deux fois belles.

MENGETTE

Te souviens-tu ' quand nous en parions les chapelles?

JEANNE

Voici tout justement une Madone ici.

Mettant les fleurs devant l'image de Notre-Dame :

Acceptez-les, ô Reine, et m'ayez en merci !

Elles s'asseoient.

ISABELLE

Tu ferais bien aussi de gronder ton amie.

JEANNE

Mengette ?

ISABELLE

En te voyant à la cérémonie
Avec ton manteau rouge et ton étendard blanc,
Elle craignait.

JEANNE

Quoi donc ?

MENGETTE

Plus d'un, quand il est grand,
Ne se rappelle plus des petits.

JEANNE

O Mengette,
Non, — tu ne pouvais pas douter ' de ta Jeannette :
Que je voudrais encor filer ' auprès de vous,
Mes chers ! — Vos entretiens étaient pour moi si doux.
Mais, (vous le savez, vous : je vous ouvrais mon âme),
J'ai longtemps attendu pour prendre l'oriflamme
Et ne me suis enfin décidée à partir
Que sur l'ordre formel de Dieu.

ISABELLE

Le souvenir, [res.
Jeanne, en est pour toujours gravé ' dans nos mémoi-

MENGETTE

Mais, si tu nous parlais un peu ' de tes victoires.
Dès qu'ils t'ont aperçue, on dit que les Anglais
S'enfuient, comme un troupeau timide ' d'agnelets.

JEANNE

Or ça, lorsque je mis le siège ' à leur Tournelle,
Ils ne paraissaient pas bien craindre ' la Pucelle.
Le terrible combat! Mes voix ' m'avaient promis
Que ce jour ' verrait fuir nos cruels ennemis.
Autrement, nous aurions peut-être ' lâché prise.
Nous eûmes trois assauts. La place fut conquise
A la fin. — Orléans chanta ' sur ses remparts
Et l'Anglais ' nous céda ses puissants boulevards.
Je ne regrettai pas d'avoir été blessée.

ZABILLET

Blessée?

JEANNE, *montrant le haut de sa poitrine*

Oui, par un trait. Mes Saintes m'ont pansée.
— Alors, je fus d'avis de marcher droit sur Reims.
Les desseins du Bon Dieu ne sont pas les desseins
Des hommes. — Le Conseil trouva la chose folle :
« La Pastoure ' devrait retourner ' à l'école.
« Pense-t-elle ' que Reims soit à deux pas d'ici?
« L'ennemi ' tient toujours Meung, Jargeau, Beau-[gency,
« Janville : En premier lieu, délivrons la province.
« Ensuite, nous ferons sacrer ' le gentil prince. »
Ils devisaient ainsi. Mais Dieu ' ne voulait pas
Que l'on pût oublier la force de son bras.

Il nous livra Jargeau, Meung, Beaugency, Janville.
Cent soldats, sous mon ordre, en valaient plus de mille
Aux ordres d'autres chefs. — Il est vrai que d'abord
Ils s'étaient consacrés à Celui qui rend fort.
Bref, en moins de huit jours, de victoire en victoire,
Nous avions dégagé les rives ' de la Loire.
Contre le Seigneur-Christ, en vain, l'Anglais luttait :
Le Christ le confondit dans les champs de Patay.
Talbot, le fier Talbot, dut me rendre les armes.
Ce succès, du Dauphin fit cesser les alarmes :
« Jeanne, s'écria-t-il, je m'abandonne à toi. »
Je vins. Il me suivit. Maintenant, il est roi.

ZABILLET

Alors, ta mission, ma Jeanne, est accomplie...

MENGETTE

Et tu ne craignais pas, quand l'armée ennemie
Faisait pleuvoir sur toi ses pierres et ses traits ?

JEANNE

Qu'avais-je à craindre ? Il faut que je chasse l'Anglais.

ZABILLET

Un jour pourtant, ils t'ont blessée ' à la poitrine.

JEANNE

On ne va pas au bois sans rencontrer d'épine,
Ma mère.

ZABILLET, *avec émotion*

Ah ! ma Jeannette !

MENGETTE

Et ce glaive luisant,
Qu'en fais-tu? Peux-tu bien, ô ciel, verser le sang?

JEANNE

Non, Mengette. Ce glaive est là pour me défendre.
Grâce à Dieu, je n'ai pas eu besoin ' de le prendre.
Mon étendard ' suffit à tout.

Pour le montrer, elle se lève. — Les autres avec elle.

MENGETTE, *regardant*

Ton étendard?

JEANNE

C'est l'arme la plus sûre et le meilleur rempart.

ZABILLET, *à part*

Mon Dieu!

JEANNE

Vous soupirez, ma bonne mère...

ZABILLET

O Jeanne!
Vas-tu redire encor le mot ' qui nous condamne?
Pourrais-tu revenir avec nous? La maison
Est si vide ' sans toi! — Lorsque ta mission
Te forçait — à partir en campagnes ' lointaines,
Mon cœur fut assez fort pour comprimer ses peines :
Mais, aujourd'hui, tu vois : Le Roi Charle est sacré.

JEANNE

L'Anglais en Angleterre, hélas! — n'est pas rentré!

ZABILLET, *suppliant*

Oh! ne me dis pas non, ma fille bien aimée!

JEANNE

Ma mère...

ZABILLET

N'est-ce pas? Ta tâche est consommée,
Ma Jeannette?

JEANNE

O ma mère...

MENGETTE

On voudrait tant te voir
Là-bas!

JEANNE

Vous m'avez dit : Jeanne, fais ton devoir.
Je l'ai fait jusqu'ici. Ne dois-je plus le faire?

ISABELLE

Jeannette, ce n'est pas ce que disait ta mère.
Tout n'est-il pas fini maintenant?

JEANNE, *voix basse, mais ferme*

Pas encor.

ZABILLET

Ah! Ma fille! ma fille! Ah! Jeanne, mon trésor!
Pas encore!

JEANNE

Dieu sait mon désir de vous suivre.
Mais, c'est vous qui pour Lui m'avez appris à vivre,
Bonne mère, — et Dieu veut que je sois toute à Lui.

ZABILLET

Que te disent tes voix?

JEANNE

« Chasse les Anglais. »

ZABILLET

Oui!

Ils te tueront, ma fille!

JEANNE

O mère! Patience!
La Vierge ' a vu mourir son Fils ' par pénitence :
Moi, je vous reviendrai.

ZABILLET, *sanglotant*

Jésus-Christ, mon Seigneur,
J'ai déjà ' tant de fois marché ' dessus mon cœur!

MENGETTE

Dis. Combien penses-tu que ta mission dure?

JEANNE

Oh! guère plus d'un an.

ISABELLE

Cette épreuve est si dure!

JEANNE, *inspirée*

Avant dix mois, j'irai revoir ' mon beau pays.

MENGETTE

Surtout, rappelle-toi que tu nous l'as promis!

SCÈNE VII

LES MÊMES. MARTHE.

MARTHE

Le repas est servi. S'il vous plaît de le prendre...

MENGETTE

Vraiment, on oublierait de manger, à t'entendre,
Jeannette.

JEANNE

On aurait tort. Marthe, conduisez-les.

MENGETTE

Et toi?

JEANNE

Je vous suivrai.

Jeanne reste seule.

SCÈNE VIII

JEANNE, *seule*

Pour chasser les Anglais,

5. **Jeanne et son étendard** (*).

Faut-il jusqu'à la mort que je peine et bataille?
Faut-il jusqu'à la mort, mon Dieu,
Qu'entraînant sur mes pas ceux que la peur travaille,
Je brave le fer et le feu?

(*) Ces strophes, accompagnées doucement.

J'aurais tant désiré revoir mon gai village,
Ma maisonnette, mes jasmins,
Et cet essaim d'oiseaux qui me suivait volage
Parmi les buissons des chemins;

Et le vieux sanctuaire entouré de charmille,
Et tous ceux enfin que j'aimais :
Mes compagnes, ma sœur, mes frères, ma famille;
Ah! les reverrai-je jamais!...

Je ne m'appartiens plus. Dussè-je être trahie,
Il faut que j'aille jusqu'au bout :
J'irai, j'irai pour vous, ô ma douce Patrie!
J'irai pour vous, mon Dieu, mon tout!

Oh! viens! viens dans mes bras, ma céleste oriflamme,
Mon étendard aux fleurs de lis.
A l'honneur de la France, à sa gloire, à son âme
Mêle mon âme dans tes plis!

A cette dernière strophe, Jeanne d'Arc presse son étendard dans ses bras. On entend soudain le cri :

Dieu le veut!

JEANNE

Dieu le veut! Ce sont mes voix peut-être?
Non, c'est le peuple entier qui reconnait pour maître
Le Souverain Seigneur Jésus-Christ.

Levant son épée.

Je fais vœu
Avec Lui, de sauver la France! Dieu le veut! (*)

(Rideau).

(*) On peut chanter ici le chœur *Dieu le veut* de la partition de Gounod.

ACTE III

LE RETOUR

Même décor qu'au premier acte. Au lever du rideau, l'une des jeunes filles est au rouet, l'autre apprête une quenouille.

SCÈNE I

BERTHE, HAUVIETTE

6. La chanson du Rouet.

BERTHE ET HAUVIETTE, *chantant*

1. *Depuis qu'elle est dans la prison*
Où l'Anglais la condamne,
Nous travaillons pour la rançon...
Et tourne, (bis) *beau rouet!*
Nous travaillons pour la rançon
De notre chère Jeanne.
} bis.

HAUVIETTE

2. *Comme jadis pour Duguesclin*
Les filles de Bretagne
Nous filons la laine et le lin...
Et tourne, (bis) *beau rouet!*
Nous filons la laine et le lin
Pour toi, notre compagne.
} bis.

BERTHE

3. *Ah! si j'avais un grand trésor!*
J'en ferais bon usage!
Mais, je n'ai d'autres jaunets d'or...
Et tourne, (bis) *beau rouet!*
Mais, je n'ai d'autres jaunets d'or...
Que ceux de mon corsage. } bis.

HAUVIETTE

4. *Pourrons-nous avec nos rouets*
Amasser livre à livre
Assez d'argent pour que l'Anglais...
Et tourne, (bis) *beau rouet!*
Assez d'argent pour que l'Anglais
A la fin la délivre? } bis.

BERTHE

5. *Elle a promis de revenir :*
Ayons foi dans Jeannette!
Comme elle sachons réunir...
Et tourne, (bis) *beau rouet!*
Comme elle, sachons réunir
Travail et chansonnette. } bis.

BERTHE, *continuant*

Non, puisqu'elle a promis de revenir ici,
Elle ne voudrait pas nous savoir en souci.

HAUVIETTE

Chante donc ' comment fut accueilli ' son message.

BERTHE

7. Jeanne à Chinon (*).

1. *Jeanne à Chinon, sans nul dommage,*
Arrive enfin
Et tôt après, va son hommage
Rendre au Dauphin :
-- Sire, je vois à ce seigneur
Royal insigne.
Mais, je le sais, d'un tel honneur
Vous êtes le seul digne.

2. *Puis, à voix basse, elle lui parle*
D'un grand secret.
Connaît alors le Dauphin Charle
Qu'elle dit vrai.
Mais, pour mieux faire son devoir,
Cachant sa joie
Il demande aux gens de savoir
Si c'est Dieu qui l'envoie.

3. *L'un d'eux lui dit : Jeune bergère,*
Espères-tu
Voir ' par ta houlette légère
L'Anglais battu !
Elle lui dit : — Comme des loups
Ma bergerie,
J'espère des Anglais jaloux
Délivrer ma patrie.

4. *Un autre dit : Si Dieu te mène,*
C'est par son bras

(*) A la représentation l'on peut supprimer quelques couplets de cette complainte.

Et, non par une armée humaine
Que tu vaincras.
Elle lui dit, levant le front :
— Il faut le croire :
Les hommes d'armes combattront,
Dieu donnera (la) victoire.

5. *Un autre dit : Fais un miracle*
Et sa clarté
Nous montrera de ton oracle
La vérité.
Elle lui dit : Dans Orléans
Que l'on m'escorte :
Et tout chacun verra céans
Quel miracle j'apporte.

6. *Lors, ils jugèrent bon et sage*
Et suivant Dieu
Qu'elle accomplît tout son message
En temps et lieu.
La voilà donc à son départ
Bien équipée :
Beau destrier, noble étendard,
Miraculeuse épée.

SCÈNE II

LES MÊMES. MENGETTE

MENGETTE

Va, Berthe. Continue.

BERTHE

Eh ! j'ai fini, Mengette.

MENGETTE

Fini! mais la chanson du sacre?

BERTHE

Je regrette
De ne pas la savoir. Isaur le troubadour
Nous la chanta pourtant sous l'orme l'autre jour.

MENGETTE

Il faudrait la graver sur l'écorce des hêtres.

BERTHE

Ce serait long, Mengette, et que diraient les maîtres?
Il vaut mieux la graver dans sa tête. Mais, toi,
Lorsque tu fus à Reims pour le Sacre du Roi,
N'as-tu pas entendu quelque chanson sur Jeanne?

MENGETTE

Si fait! La pauvre Jeanne! ah! mon Dieu!

BERTHE

Dieu condamne
Ceux qui ne mettent pas en lui tout leur espoir.

MENGETTE

Elle avait bien promis de venir nous revoir.

BERTHE

Ce que Jeanne promet, elle le tient, ma chère.

MENGETTE

Oui, Berthe. Mais, l'Anglais l'a faite prisonnière.
L'Anglais ne lâche pas sa proie.

BERTHE

Et ce procès?
Il dure bien longtemps.

MENGETTE

Trop longtemps.

BERTHE

Je ne sais.
Mais Jeanne ' t'a promis de revoir sa campagne,
Elle la reverra. Saint Michel l'accompagne.

HAUVIETTE

Espérons que l'Anglais, entendant la raison,
Saura se contenter d'une honnête rançon.

MENGETTE

Espère, je crains.

BERTHE

Non. Point de craintes timides :
Sachons ' pour plaire à Jeanne ' être des intrépides.
Allons! cette chanson que l'on chantait là-bas...

MENGETTE

A Reims?

BERTHE

Qui racontait ses glorieux combats.

8. A la gloire de Jeannette.

1. *A la gloire de Jeannette*
On a composé ce chant,
Elle qui, toute jeunette
A dompté l'Anglais méchant.

Autrefois dans ses campagnes
Elle aimait tant, chaque jour,
Chanter avec ses compagnes
Et travailler tour à tour.

2. *Mais, elle était appelée*
A chasser les étrangers.
Elle quitte sa vallée.
Elle brave les dangers.
Le Roi Charles le septième
Qui voyait fuir ses soldats
La reçoit de Dieu lui-même
Comme l'Ange des combats.

3. *Quand l'Anglais la voit paraître*
Il la traite avec dédain.
Mais, il a trouvé son maître :
Il est renversé soudain.
Il n'est plus fort ni bastille
Au pouvoir de l'ennemi.
Tout cède devant la fille
De Jacques de Domrémy.....

SCÈNE III

LES MÊMES. ISABELLE

ISABELLE

Chantez, pauvres enfants! Jeanne est morte.

MENGETTE ET HAUVIETTE

Mon Dieu!

BERTHE

Cela n'est pas!

ISABELLE

Hélas! Ils l'ont livrée au feu!

BERTHE, *avec exaltation*

Comment? Livrée au feu? Qui? Jeanne la Pucelle?
Non, non, cela n'est pas!

MENGETTE

Parlez, Dame Isabelle :
Qui vous a rapporté ce dénouement affreux?

ISABELLE

Un chevalier ' qui vient d'arriver ' tout poudreux
Pour annoncer sa mort à ses gens,

MENGETTE

A sa mère!

BERTHE

Elle en mourra bien sûr.

ISABELLE

En sa douleur amère,
L'âme de son enfant viendra ' la soutenir :
Elle est là?

BERTHE

Non, Madame.

HAUVIETTE

Il faut la prévenir?

ISABELLE

Il le faut!

BERTHE

Ma Jeannette! ils t'ont brûlée! Infâmes!
Assassins!

ISABELLE

Ta Jeannette a prié pour leurs âmes.

MENGETTE

Oui! comme le Bon Dieu sur la Croix.

BERTHE

O Jésus!
J'espérais malgré tout.

MENGETTE

Moi, je n'espérais plus.
Je savais que Warwick était un méchant homme
Et Cauchon, un rebelle au Pontife de Rome,
Un évêque félon, un Judas... Je savais...
Mais, je n'aurais pas cru si lâches, les Anglais.

ISABELLE

Jeanne ' avait fait appel au Pontife suprême,
Mais, Cauchon ne voulait de juge ' que lui-même.
Il se croyait l'Eglise à lui seul ' — et Bedford
Faisait luire à ses yeux des honneurs et de l'or.
Il condamna.

BERTHE

Dieu seul peut punir un tel crime.

ISABELLE

Déjà, d'un mal affreux ' le méchant est victime.

La pauvre condamnée au moins ' eut la faveur (*)
De recevoir ' les saints mystères du Sauveur.
Puis, comme une martyre, elle dit : Je suis prête...
Des soldats ' entouraient la lugubre charrette,
Où Jeanne, tout le long du chemin, pria Dieu.
On atteignit bientôt une place. Au milieu
S'élevait, au-dessus de la foule, une estrade.
Jeanne y fut ' pour subir la suprême parade.
On lui fit un sermon et, sur un parchemin,
L'indigne évêque ' lut son arrêt inhumain.
— « Evêque, répondit Jeanne, vous m'auriez mise
« Suivant votre promesse, aux prisons de l'Eglise,
« Les juges séculiers ne m'auraient ' aujourd'hui.
« Je meurs par vous. Dieu le sait ! J'en appelle à Lui ! »
Ensuite, on l'entendit, au travers de ses plaintes,
Invoquer le Seigneur, Notre-Dame, ses saintes,
Ses anges, — demander aux prêtres ' humblement
De se ressouvenir d'elle ' en leur sacrement :
— « Que de ma mort, dit-elle, on n'accuse personne
« Et que l'on me pardonne, ainsi que je pardonne !
« O Rouen ! c'est donc toi qui seras mon tombeau ? »
Sa plainte était si douce et son calme si beau
Que des soldats ' pleuraient sur leurs cottes de mailles.
(Et l'âme ' s'endurcit pourtant ' dans les batailles !)
La foule immense ' était haletante ' et sans voix...
Jeanne ' n'avait en mains qu'une humble croix de bois.
Elle voulut un Christ : « Il faut ' que je le voie
« Jusqu'à la fin, dit-elle, et qu'il m'ouvre la voie !

(*) Ce récit accompagné doucement. Partition de Gounod : Dernier acte. *Orate pro eâ.*

« Vous qui m'avez absoute, ô mon frère Martin,
« Faites-moi ' cette grâce encore ' ce matin. »
Quand on eut apporté la croix de la paroisse,
Elle la tint longtemps baisée ' en son angoisse...
Alors, l'un des bourreaux lui prend son chaperon
Et lui pose ' une mitre ignoble ' sur le front,
La nommant malcréante, apostate, hérétique.

MENGETTE.

O Jeanne, toi si sainte !

ISABELLE

Or, le juge laïque,
Qui devait la juger à son tour, était là.
Il dit, montrant du doigt le bûcher : « Menez-la ».
Jeanne, en sa robe blanche, ainsi qu'en un suaire,
Gravit donc l'escalier, qui monte à son calvaire.
Elle presse toujours sa croix ' contre son sein.
Son confesseur ' la suit aussi ' jusqu'à la fin.
Sur le haut tas de bois, dès qu'elle est arrivée
Et, d'un cercle de fer, contre un poteau rivée,
Le feu brille. Elle dit : « Frère Martin, le feu !
« Descendez, sans cesser de me parler de Dieu ! »
Déjà, le feu s'élance et les bourreaux l'excitent.
Mais, Jeanne ' est toute à ses saintes, ' qui la visitent.
Dans ce moment : « O vous, dit-elle, dont l'amour
« Aura veillé sur moi jusqu'à mon dernier jour,
« Dieu m'est témoin ' que vous ne m'avez pas trom-
[pée ! »
Soudain, de toutes parts, elle est enveloppée
De flammes. Elle dit : « Jésus ! Jésus ! Jésus ! »
— Ceux qui pensaient ' la voir faiblir ' furent déçus :

Beaucoup même, frappés d'une subite crainte,
S'enfuirent en criant : « Nous brûlons une sainte ! »
Cependant, une fois encor, Jeanne appela
Jésus — et du bûcher son âme s'envola.

SCÈNE IV

LES MÊMES. ZABILLET

ZABILLET

Qui parle de bûcher ici ?

BERTHE

Mon Dieu ! c'est elle !

ISABELLE

Ma chère...

ZABILLET

Ah ! te voilà ! Sais-tu quelque nouvelle ?

ISABELLE

Non, Zabillet. Je viens...

ZABILLET

A quoi bon me cacher ?
Tu ne viens pas ici sans raison... Ce bûcher...
Horreur ! Horreur !

ISABELLE

Hélas !

ZABILLET, *comme égarée*

Alors, ils l'ont brûlée !

MENGETTE

Jeanne ' vous a montré la Vierge ' désolée...

ZABILLET, *dans un dernier cri*

Je lui disais bien, moi, que l'Anglais la tuerait.
Notre Dame ! ô mon Dieu ! ma fille !

Elle tombe défaillante, entre les mains de Mengette et de Berthe qui l'asseoient sur un banc.

BERTHE, *se précipitant*

Zabillet !

Pendant qu'on entoure Zabillet de soins, on entend une douce harmonie, le Prélude de la Cantate.

SCÈNE V

LES MÊMES. JEANNE. LES SAINTES

Jeanne apparaît, son costume de guerrière recouvert d'un manteau royal. Elle a la figure rayonnante, le regard et la voix célestes. Elle avance lentement, entre sainte Catherine et sainte Marguerite.

HAUVIETTE

Ecoutez, écoutez.

BERTHE, *s'exclamant*

Miracle !

MENGETTE, *ravie*

C'est Jeannette !

ISABELLE

Tiens !... Jeanne !

BERTHE, *prenant la main de Zabillet*

Zabillet!

Zabillet revient à elle lentement.

MENGETTE

Oui, c'est elle.

JEANNE

Mengette.

ISABELLE, *les mains jointes*

Eh quoi! Jeanne, c'est toi qui reviens ici-bas!

JEANNE

Je vous l'avais promis.

ZABILLET, *avec hésitation*

Ne me trompè-je pas?

BERTHE

O Jeanne, nous t'avons bien longtemps attendue.

ZABILLET, *se jetant aux pieds de Jeanne*

Ma Jeanne! se peut-il que tu me soit rendue!

JEANNE, *déposant un baiser sur le front de sa mère*

Je vous serai rendue un jour en Paradis,
Ma mère. — Dieu m'appelle encore : j'obéis!

Elle disparaît lentement.

Le rideau s'abaisse, et se relève aussitôt pour l'apothéose. — Jeanne apparaît encadrée de tous les personnages du drame.

9. L'âme de la Patrie.

JEANNE

1. *Je suis la voix de la Patrie,*
Je suis son âme en vain meurtrie,
Je suis sa Patronne chérie :
Du Ciel, je veille sur ses pas.

LE CHŒUR

Salut! ô Patronne chérie!
Entends notre voix qui te prie :
Avec Notre-Dame Marie,
Protège-nous jusqu'au trépas!

JEANNE

2. *Je suis la Vertu de la France,*
Sa Foi, sa céleste Espérance,
Sa Force au sein de la souffrance,
Sa Gloire au milieu des combats.

LE CHŒUR

Salut, Patronne de la France.
Pour elle, avec persévérance,
Daigne être dans toute occurrence
Ce que tu fus dès ici-bas!

JEANNE

3. *Je suis la France vigoureuse,*
La France pure et valeureuse,
La France tendre et généreuse,
Qui donne son cœur et ses bras.

Le chœur

Salut, ô notre Bienheureuse,
Plus d'une mine dangereuse
Hélas! sous la France se creuse:
C'est toi qui l'en préserveras.

4\. *Salut, Ange de la victoire,*
Salut, honneur de notre histoire
Salut, notre plus sainte gloire,
Salut : Nous sommes tes soldats.

Salut, ô Jeanne, en vain meurtrie,
Salut, ô Patronne chérie,
Salut, âme de la Patrie,
Salut, ô toi qui ne meurs pas!

FIN

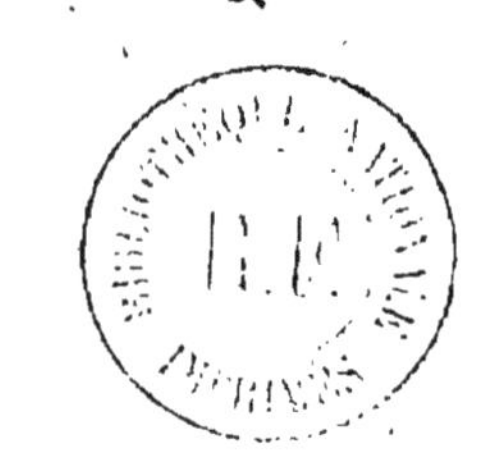

Evreux. — Imp. de l'Eure, L. Odieuvre.

A L'IMPRIMERIE DE L'EURE

La partition de Jeanne d'Arc.
par MM. BRUNEAU et BILLAUD 2 25

A la même adresse
ou chez M. le Curé de la Neuve-Lyre, Eure

La Neuve Lyre de Notre-Dame. Recueil de cantiques en l'honneur de la Sainte Vierge . . . 0 50

L'Attitude des Catholiques, par M. LEVRAY. Cette brochure établit de façon péremptoire pourquoi les Catholiques *ne pouvaient pas* accepter les cultuelles de M. Briand 0 30

Un Nouveau Prêtre, sermon de 1re messe . . . 0 30

Le Denier du Culte, tract de 4 pages (25e mille). *Franco*, le cent, 1 75; le mille . . . . 12 »

Evreux, Imprimerie de l'Eure, 4 bis, rue du Meilet.

www.ingramcontent.com/pod-product-compliance
Ingram Content Group UK Ltd.
Pitfield, Milton Keynes, MK11 3LW, UK
UKHW021011220726
13924UKWH00002B/944